T0381145

What Color is Your Hand?

¿De qué color es tu mano?

Author/Translator	**Roni Capin Rivera-Ashford**	Autora/Traductora
Illustrator	**Walter Thompson**	Ilustrador
Spanish Editors	**Raúl E. Aguirre** **&** **María del Carmen Domínguez-Stephens**	Editores del Español
Design Coordinator	**Sarah L. Ashford**	Coordinadora de Diseño

Archway Publishing books may be ordered through booksellers or by contacting:

Archway Publishing
1663 Liberty Drive
Bloomington, IN 47403
www.archwaypublishing.com
844-669-3957

www.butterflyheartbooks.com

Because of the dynamic nature of the Internet, any web addresses or links contained in this book may have changed since publication and may no longer be valid. The views expressed in this work are solely those of the author and do not necessarily reflect the views of the publisher, and the publisher hereby disclaims any responsibility for them.

Any people depicted in stock imagery provided by Getty Images are models, and such images are being used for illustrative purposes only.
Certain stock imagery © Getty Images.

Spanish Editors/Editores del Español:
Raúl Aguirre & María del Carmen Domínguez-Stephens

Interior Image Credit: Walter Thompson

ISBN: 978-1-6657-6148-2 (sc)
ISBN: 978-1-6657-6150-5 (hc)
ISBN: 978-1-6657-6149-9 (e)

Library of Congress Control Number: 2024911988

Print information available on the last page.

Archway Publishing rev. date: 02/12/2025

"Acclaimed bilingual children's book author Roni Capin Rivera-Ashford has turned a tender real-life moment into a loving story and tribute to diversity. Through Nani's caring voice, interacting with her young grandson, and Thompson's dynamic artwork illustrating these pages. *What Color is Your Hand?* celebrates our differences while teaching other important values. By describing the beautiful multicolored tapestry that is humanity and all living things, this grandmother shares a lesson for the ages, all ages, young and old. It spoke directly to my heart."

♥   ♥   ♥   ♥   ♥   ♥   ♥   ♥

"La aclamada autora de libros infantiles bilingües, Roni Capin Rivera-Ashford, ha convertido un momento de la vida real en un cuento tierno y un tributo a la diversidad. A través de la cariñosa voz de 'Nani' interactuando con su nieto jovencito, y la dinámica obra de arte de Thompson que ilustra estas páginas, *¿De qué color es tu mano?* celebra nuestras diferencias, mientras enseña otros valores importantes. Al describir el hermoso tapiz multicolor que es la humanidad, y todos los seres vivos, esta abuela comparte una lección para todas las edades, jóvenes y grandes también. Me tocó el corazón ".

Jay Rochlin, PhD, professor emeritus, School of Journalism; former editor of the *University of Arizona Alumni Magazine*; author; and illustrator

For Queen, Brother, and 'Mana
Para Reina, Hermano y 'Mana
W.T.

For my grandson, Jordan, and granddaughter-of-the-heart, Mariana. ♥ You gave me a gift—to love being your Nani, to hold your hands and hearts, to love you unconditionally, and to always want the best in life for you. Let us forever remember: We are all one—under the same moon and under the same sun.

Para mi nieto, Jordan, y mi nieta-de-corazón, Mariana ♥ Me dieron un regalo - la oportunidad de sentir tanto amor por ser su Nani; de llevarlos de la mano y dentro de mi corazón, de regalarles amor sin condiciones y siempre buscar lo mejor que la vida les pueda otorgar. Hay que recordar que eternamente: Somos uno – bajo la misma luna – bajo el mismo sol.
R.C.R-A

This morning, I woke up thinking about that same thing again.
Something kind of funny happens when I'm with my nani.
Whenever Nani and I go somewhere together, people stare at us.
Their faces talk without saying a word.

Esta mañana desperté pensando en la misma cosa otra vez.
Algo raro me pasa siempre que ando
con mi nani (así le digo a mi abuela.)
Cuando Nani y yo andamos juntos en cualquier lugar,
la gente se nos queda viendo.
Sus caras hablan sin decir una sola palabra.

It's like I can hear their faces talking,
almost yelling out, "Why is that lady holding his hand?
She can't be his grandma. Can she?
They are so different!
He is so chocolate brown, and she is so vanilla white."

Es como si pudiera oír lo que sus caras están hablando,
casi gritando, "¿Por qué esa mujer lleva a ese niño
tomado de la mano? No puede ser su abuela.
¿Verdad que no? ¡Pues son tan diferentes!
Él es de color café como chocolate
y ella es tan blanca como una nieve de vainilla ".

Today I feel big, as if I can talk to my nani about anything,
especially this funny thing that happens.
But it's not funny when people stare.
When it happens, I feel like crying, but I don't.
Then it hurts right here, where my heart is.

Hoy me siento como una persona grande,
como si pudiera hablar con mi nani sobre cualquier cosa,
especialmente esa cosa chistosa que nos pasa.
Pero sabes que en realidad no es nada chistoso.
Cuando pasa, me dan ganas de llorar, pero no lloro.
Después me duele aquí, donde está mi corazón.

We are going to the park to do *plein air painting.* *
My nani does paintings for children's books.
She paints with watercolors, and
she is teaching me how to paint too.
She loves to paint outside, and so do I.
When we're at the park, I will talk to her
about the not-really-funny-thing that bothers me.

Ahora vamos al parque a *pintar al aire libre*.
Sabrás que mi nani pinta ilustraciones para libros infantiles.
Ella pinta con acuarelas y a mí también me está enseñando a pintar.
A mi nani le encanta pintar al aire libre, y pues yo igual.
Cuando estemos en el parque voy a platicar con ella
sobre esto que me molesta.

Mm mm...I am just finishing one of my favorite breakfasts.
Daddy makes it for me—scrum-dilly-icious eggs
with chorizo, potatoes, and *frijoles*.
When the doorbell rings, Nani is here to take me to the park to paint.
My arms fly up, and my legs follow. Woohoo! I'm so excited!

Mm mm… estoy terminando mi desayuno favorito
que me preparó mi papi " huevos con chorizo,
papitas fritas y frijoles con queso – tan sabroso.
¡A puro tiempo!, porque en cuanto terminé de comer sonó el timbre.
Es mi Nani y va llegando para llevarme al parque a pintar.
Mis brazos se estiran como si fueran volando
y mis piernas siguen su vuelo.
¡Ajúa! ¡Estoy tan emocionado!

Then I start thinking again about people staring,
and I feel scared. I feel as if a kickball just pounded my heart,
and it's hard to breathe. But when we start walking to the park,
Nani begins singing one of her favorite songs,
Imagine, and I forget about it for a little while.
Nani tells me, "Mijito, that song, *Imagine*,
is one of the most popular songs about peace,
in the whole world, by *John Lennon* and *The Beatles*.

Luego empiezo a pensar en esa cosa rara que me pasa y me da miedo.
Siento que alguien acaba de darle una patada a una pelota
y que la pelota me da en el puro corazón.
¡Es difícil respirar – no alcanzo respiración!
Cuando empezamos a caminar al parque,
Nani empieza a cantar una de sus canciones favoritas,
Imagine, y por un ratito se me olvida. Nani me dice,
"Mijito, esa canción, *Imagine*, *Imagina* en español,
es una de las canciones más populares tocante la paz,
en todo el mundo, por *John Lennon* y *los Beatles*.

Nani taught me the words to her favorite song.
They are so cool.
The words of this song remind me of
the big questions in my heart
and in my mind.

Nani me enseñó a cantar las palabras de su canción favorita
y son palabras bien suaves.
Las palabras de esta canción
me recuerdan a las preguntas serias
que viven en mi cabeza y en mi corazón.

I stop and ask my grandmother,
"Nani, tell me what this song means.
And why do people look at us funny
when we go places together?"

Dejo de caminar y le pregunto a mi abuela,
"Nani, ¿Qué significa esa canción?
Y por qué la gente se nos queda viendo
de esa manera tan rara
cuando andamos juntos
en dondequiera que sea"?

Nani replies, "I want to give you good answers
to your good questions, Mijito.
So, first let's go paint for a little while.
Painting helps keep my mind busy
so my heart can think."
We walk, and Nani sings all the way to the park.

Nani me responde,
"Quiero responder bien a tus muy buenas preguntas, Mijito.
Pero primero ¿por qué no pintamos por un ratito?
Cuando pinto, mi mente está ocupada
y me da tiempo para pensar con mi corazón".
Así que seguimos caminando
y Nani sigue cantando hasta que llegamos al parque.

We do our *plein air* painting.
When Nani and I finish, she smiles and takes my hand.
I love my nani's smile.
When she smiles at me, I feel warm and happy,
just as the sun looks warm and happy in the sky so far away.

Nos ponemos a pintar *al aire libre, estilo plein air.*
Cuando terminamos,
mi nani sonríe conmigo y me toma de la mano.
Me encanta la sonrisa de mi nani.
Cuando ella sonríe conmigo, me siento contento y feliz,
con una ternura especial, así como se ve el sol
brillando con alegría en el lejano cielo tan lejos de aquí.

"C'mon, Mijito," Nani says.
"Let's skip over to the bench
and rest under that big shade tree."
After we make it to the bench, my nani cradles me in her arms,
with a big hug, rocking me gently as she winks at me.

"Ven conmigo", dice mi Nani.
"Vamos dando saltos hasta que lleguemos al frondoso árbol.
Nos sentamos en la banca debajo de la sombra para descansar y platicar".
Mi nani me acurruca en sus brazos con un fuerte abrazo
y me empieza a arrullar tiernamente.

Then she whispers, "The night sky hugs the moon,
and the stars wink when they twinkle,
just like I am doing to you.
Now I am going to answer your questions, Mijito."

Me guiñe el ojo y en su dulce voz, muy bajita, me dice,
"El cielo de la noche abraza a la luna
y las estrellas abren y cierran sus ojitos cuando brillan,
así como lo estoy haciendo yo aquí contigo.
Ahora vamos a hablar sobre tus preguntas, Mijito".

"Imagine what it would be like
if all the birds and butterflies
in the whole wide world
were only one color."

"¡Imagina cómo sería
si todos los pájaros y todas las mariposas
en este mundo tan grande
fueran de un sólo color"!

"Imagine what it would be like
if all the flowers in the gardens
in the whole wide world
were only one color."

"¡Imagina cómo sería
si todas las flores
en este mundo tan grande
fueran de un solo color"!

"Imagine what it would be like
if all the fish in the sea
were only the same colors as you and me."

"¡Imagina cómo sería
si todos los peces en el océano
fueran solo del mismo color que somos tú y yo"!

I think I would not like it if everything were just the same. My nani understands so many things. She says, "Sometimes we want everyone to be the same as we are. When they are different, we may stare. Sometimes people make fun of those who are different, or they say something mean. This is hurtful and unkind. Our song says it is so much better to imagine a world where everyone loves and accepts each other because of all our beautiful differences."

Me puse a pensar. Pues no me gustaría si todo fuera igual.
Mi nani comprende tantas cosas. Ella me responde,
"A veces queremos que todos sean iguales que nosotros.
Cuando son diferentes, fijamos la vista sin darnos cuenta y los juzgamos,
o a veces lo hacemos con mala intención. Otras veces nos burlamos de la gente
nada más porque es diferente; o decimos alguna grosería para ofenderla. Esto
puede ser cruel y causar daño. Mi canción favorita dice que es mejor imaginar un
mundo donde todos se aman y se aceptan con todo y sus preciosas diferencias ".

I feel so good in my nani's arms,
just listening to her words, that I start to get sleepy.
When I am sort of asleep but sort of awake,
I think I see a cloud float over my head and cover my eyes.
I imagine Cloud whispering near my ear,
"Why doesn't everybody see that being different
makes us special in a good way?"

Yo estaba tan a gusto acurrucado en los brazos de mi nani,
escuchando sus palabras, que me comenzó a dar sueño.
Cuando estaba entre dormido y despierto,
se me hizo que vi una nube flotar por arriba de mi cabeza
y tapar mis ojos. No sé si fue mi imaginación
pero la Nube se acercó a mi oído y me dijo en voz baja,
"¿Por qué todo mundo no se da cuenta
que el ser diferente nos hace especiales de una manera positiva"?

I wake up with Wind's voice gently blowing through my mind,
whispering, "Just like the rainbow after a storm,
the world needs every color to be beautiful and complete.
You can't have a beautiful world with just one color.
You must be able to see every color
and all people with your eyes
and love them in your heart."

Despierto con la voz del Sr. Viento pasando tiernamente por mi mente,
y lo oigo susurrar, "Así como el arco iris después de una tormenta,
necesita que se junten todos los colores.
Nunca fue la intención divina que el mundo tuviera sólo un color.
Puedes ver todos los colores
y a toda la gente con tus ojos
y tenerlos en tu corazón".

1. LOVE. YOU.

YO TE AMO.

squeeze

apretón

squeeze

My arms
let out
a big stretch
like my puppy
when it is
waking up.
I rub my eyes.
I squeeze
my nani's white hand
three times
which means
"I...Love...You."
She squeezes
my brown hand
four times
which means
"I...Love...You...Too."

Mis brazos
dan un estirón
así como hace mi perrito
cuando va despertando.
Me tallo los ojos.
Le doy un apretón
a la mano blanca
de mi nani.
Esto significa
"¡Cómo te amo!"
Ella aprieta mi mano
color chocolate
cuatro veces.
Eso significa
"Yo...también...te...amo."

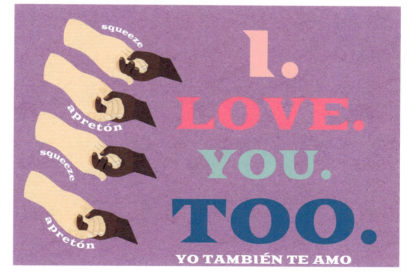

Then she rubs circles on the top of my head. This helps me wake up all the way. "Nani, I can't wait to tell you about my dream. It was about why it's so awesome to be different."

Entonces mi nani me frota la cabeza haciendo círculos con mi cabello para ayudarme a despertar completamente. "Nani, estoy desesperado por contarle lo que soñé. Se trata de lo magnífico que es el ser diferente".

Nani kisses me on the forehead and answers, "Yes, Mijito.
Imagine what a wonderful world this will be when it doesn't matter
where you live, what language you speak, how many toys or clothes you have,
who your friends are, or what color your hand is.
Imagine that. We will all care about each other.
Can you imagine what a wonderful world it will be?"

Nani me da un beso en la frente y responde,
"Sí Mijito, imagínate qué mundo tan maravilloso vamos a tener
cuando no importe dónde vivas, ni el idioma que hables,
ni cuántos juguetes o qué clase de ropa tengas,
quiénes son tus amigos o de qué color es tu mano.
Imagínate eso. A todos nos va a importar más de el uno por el otro.
¿Te imaginas qué tan maravilloso será el mundo?

"Yes I can, Nani.
I feel it
in my heart.
I see it
in my head.
My heart feels like
it is all the colors
of the rainbow."
Nani says,
"My heart
is all colors too.
You are like me
and I am
like you."

"Sí, Nani,
sí puedo.
Siento que
mi corazón
es de todos colores
como un arco iris.
Nani dice,
"Mi corazón
también es
de todos colores.
Tú como yo
y yo como tú,
de todos colores
y todos sabores".

*Author's Note: ***En plein air*** is a French expression that means "in the open air". The term describes the act of painting outdoors, working in natural light. This style of painting was popularized by such impressionists of the mid-nineteenth century as Claude Monet, Vincent Van Gogh and Auguste Renoir.

*NOTA DE LA AUTORA: ***En plein air*** viene de una expresión francesa que significa "*al aire libre*" usada para describir la actividad de pintar afuera, en la luz natural del día. Este estilo de pintar se hizo popular por los pintores impresionistas a mediados del siglo 19 tal como Claude Monet, Vincent Van Gogh y Auguste Renoir.

ABOUT THE ILLUSTRATOR

Walter Thompson is a Tucson, Arizona, native and lifelong artist. He draws inspiration from the city itself and the surrounding Sonoran Desert. He is a dedicated husband, father, son, brother, and uncle (*tío*). He spends his spare time drawing, drawing, and drawing.

♥

SOBRE EL ILUSTRADOR:

Walter Thompson es nativo de Tucsón, Arizona y artista de toda la vida. La inspiración le nace de su ambiente la ciudad en la que vive, el Desierto Sonorense y todo lo que le rodea. Es esposo, padre, hijo, hermano y tío dedicado. Pasa su tiempo libre dibujando, dibujando y dibujando.

In Memoriam

I dedicate my book
What Color Is Your Hand?
to the memory of

Gabriel Zimmerman,
February 25, 1980–January 8, 2011

Ever since Gabe was a little boy, he loved all sports, especially playing soccer. When he played soccer on his high school team, they won the state championship twice. He also ran across the Grand Canyon twice with his father, and later his first marathon with his fiancée, Kelly. He studied a lot while he was in school and graduated with a master's degree in social work so that he could work with all kinds of people to help make the world a better place. Gabe believed in treating everyone as an equal, no matter what color their hand was or what language they spoke. Gabe's parents say that from childhood their son had a real gift. His co-workers, and all who knew him, say he was a gentle young man, uniquely gifted at working with people from all walks of life. He was admired for being a tireless organizer and happy to help others no matter what color their hand was. He was known as the Constituent Whisperer. I have done my best to capture Gabe's voice. As Gabe's voice speaks through my story, he is asking you and me to do all we can to help bring peace to our world by choosing to respect each other. He is saying, "No more violence, no more bullying and no more discrimination. Find ways to help others."

Gabriel Zimmerman was the Director of Constituent Services and Community Outreach for Congresswoman Gabrielle Giffords. In the 222-year history of the United States Congress, he is the first congressional staff member to lose his life in the line of duty. Gabe's life was cut short on January 8, 2011, during a shooting tragedy in Tucson, Arizona, which claimed the lives of five others and seriously injured thirteen people, including his boss, Congresswoman Gabrielle Giffords. Gabe's memory has been honored by naming a popular meeting room, **HVC 215,** in the new Capitol Visitors Center, in Washington, D.C., after him. There are several other memorials, as well as scholarships, to honor his memory.

To honor Gabe's memory, and follow his example, let us begin
with ourselves, our family, our schools, and our community.
May Gabe's message live in our hearts forever.

Con este cuento
¿DE QUÉ COLOR ES TU MANO?
Honramos la memoria de

Gabriel Zimmerman,
25 de febrero, 1980 – 8 de enero, 2011

Desde que Gabe era un niño, le encantaban todos los deportes, especialmente jugar al fútbol. Cuando jugaba fútbol en el equipo de su escuela secundaria, ganaron el campeonato estatal dos veces. También corrió a través del Gran Cañón dos veces con su padre y después su primer maratón con su prometida, Kelly. Estudió mucho mientras estaba en la escuela y se graduó con una maestría en trabajo social. Era su sueño con todo tipo de gente con el fin de ayudar a crear un mundo mejor. Gabe pensaba que era necesario tratar a todos con igualdad, no importaba el color de su mano ni cuál era el idioma que hablaba. Era conocido como el Susurrador de Constituyentes. Yo he puesto mi mejor esfuerzo para capturar su voz, a través del espíritu de Gabriel representado en este, mi cuento. Gabe nos pide que hagamos todo lo posible por traer paz a nuestro mundo respetándonos los unos a los otros. Nos instruye a que "acabemos con la violencia, acabemos con las burlas hacia otros y acabemos con la discriminación … busquemos maneras de ayudar a otros". Honremos así la memoria de Gabe, empezando con nosotros mismos, nuestras familias, nuestras escuelas y la comunidad en la cual vivimos.

Gabriel Zimmerman fue el director de Servicios a los Constituyentes y Alcance Comunitario de la congresista Gabrielle Giffords. En los 222 años de historia del Congreso de los E.E.U.U., es el primer miembro del personal del Congreso que pierde la vida en el cumplimiento del deber. La vida de Gabe se truncó el 8 de enero de 2011, durante una tragedia a tiros en Tucsón, Arizona, que se cobró la vida de otras cinco personas e hirió gravemente a su jefa, la congresista Gabrielle Giffords. La memoria de Gabe ha sido honrada al nombrar una popular sala de reuniones, HVC 215, en el nuevo Centro de Visitantes del Capitolio, en Washington, D.C., en su honor. Hay varios otros monumentos, así como becas, para honrar su memoria.

Para honrar la memoria de Gabe, y seguir su ejemplo, comencemos con nosotros mismos, nuestra familia, nuestras escuelas y nuestra comunidad. Que el mensaje de Gabe viva en nuestros corazones para siempre.

ABOUT THE AUTHOR

Roni Capin Rivera-Ashford was raised on the US-Mexico border in Nogales, Arizona, where she embraced the region's languages, cultures, and people. A lifelong educator, Roni began her bilingual teaching career at age twenty-one. She is now an award-winning bilingual author who shares the gifts she gained growing up in Ambos Nogales through her books. Each of Roni's titles has received at least one award, and several of them have been recognized in a variety of categories, many you see here: Southwest Books of the Year; National Library of Congress – a national program of audiobook for the seeing impaired; the International Latino Book Awards, co-founded by actor Edward James Olmos, also Books Into Movies.

Roni's books to date are: RAULITO – THE FIRST LATINO GOVERNOR OF ARIZONA/EL PRIMER GOBERNADOR LATINO DE ARIZONA, MY NANA'S REMEDIES/LOS REMEDIOS DE MI NANA, MY TATA'S REMEDIES/LOS REMEDIOS DE MI TATA, and HIP, HIP, HOORAY, IT'S MONSOON DAY/¡AJÚA, YA LLEGÓ EL CHUBASCO! Disney contracted her to write and translate several books to accompany the Disney/Pixar Academy Award-winning movie, COCO. Among these are the titles: MIGUEL AND THE AMAZING ALEBRIJES, COCO THE STORY READ-ALONG BOOK, MIGUEL Y LA GRAN ARMONÍA (translated from Matt de la Peña's original), A PUPPY FOR MIGUEL. Three of Roni's titles were selected in 2009, 2016, and 2023 by the Arizona State Libraries as a Great Reads from Great Places book to represent Arizona at the National Library of Congress Book Festival in Washington, D.C.

For more information about the author, her books and talks, her new statewide literacy project, and more, visit Roni's website @ BUTTERFLYHEARTBOOKS.com

SOBRE LA AUTORA

Roni Capin Rivera-Ashford se crió en Nogales, Arizona, y creció adoptando los idiomas, las culturas y la gente de la región desde su infancia. Educadora de toda la vida, Roni comenzó su carrera como maestra bilingüe a los 21 años y ahora es una autora bilingüe galardonada que comparte a través de sus libros los regalos de sus experiencias que obtuvo al crecer en la frontera de los E.E.U.U. y México en Ambos Nogales. Cada uno de los títulos de Roni ha recibido al menos un premio, y varios de ellos han sido reconocidos en una variedad de categorías, muchas de las cuales puede ver aquí: Libros del año de Suroeste; Biblioteca Nacional del Congreso: un programa nacional de audiolibros para personas con discapacidades visuales; los Premios Internacionales del Libro Latino, cofundados por el actor-director Edward James Olmos, también De Libro A Película.

Los libros de Roni hasta la fecha son: RAULITO – THE FIRST LATINO GOVERNOR OF ARIZONA/EL PRIMER GOBERNADOR LATINO DE ARIZONA, MY NANA'S REMEDIES/LOS REMEDIOS DE MI NANA, MY TATA'S REMEDIES/LOS REMEDIOS DE MI TATA, y HIP, HIP, HOORAY, IT'S MONSOON DAY!/¡AJÚA, YA LLEGÓ EL CHUBASCO! Disney la contrató para escribir y traducir varios libros que acompañarían la película COCO, ganadora del Premio de la Academia de Disney/Pixar. Entre estos se encuentran los títulos: MIGUEL AND THE AMAZING ALEBRIJES, COCO EL LIBRO DE LECTURA DE CUENTOS, MIGUEL Y LA GRAN ARMONÍA (traducido del original de Matt de la Peña), A PUPPY FOR MIGUEL. Tres de los títulos de Roni fueron seleccionados en 2009, 2016 y 2023 por las Bibliotecas del Estado de Arizona como un libro de Grandes Lecturas de Grandes Lugares para representar a Arizona en el Festival del Libro de la Biblioteca Nacional del Congreso en Washington, D.C.

Para obtener más información sobre la autora, sus libros y pláticas, su nuevo proyecto de alfabetización a nivel estatal y más, visite el sitio electrónico de Roni @ BUTTERFLYHEARTBOOKS.com

Jamie Nuñez, Digital Habits Ambassador

Embajador de Hábitos Digitales

"In '**What Color Is Your Hand?**' Rivera-Ashford paints a vivid portrait of how to accept others in an increasingly complicated world. Through the captivating story of 'Nani' and her grandson, we are invited to explore our own identity and celebrate the joy of individual uniqueness. An empowering read that encourages kids to see the world through compassionate eyes and embrace the richness of human diversity."

"En **¿De qué color es tu mano?** Rivera-Ashford pinta un retrato vívido de aceptación y pertenencia en este mundo cada día más complicado. A través de este cuento cautivador sobre 'Nani' y su nieto, los lectores son invitados a explorar temas de identidad y la alegría de celebrar la individualidad de cada persona. Este cuento va a animar a cualquier que lo lea a ver el mundo con ojos de compasión y abrazar la riqueza de la diversidad del ser humano ".

♥　　♥　　♥　　♥　　♥　　♥　　♥　　♥

Magdalena Verdugo, CEO, YWCA of Southern Arizona

Directora Ejecutiva, YWCA del sur de Arizona

"**What Color Is Your Hand?** is a profound exploration of identity, empathy, and the shared experiences that unite us all. This thought-provoking book looks beyond the surface and considers the deeper connections that express our humanity. Through compelling narratives, the author guides us on a journey of self-discovery and understanding, encouraging us to see the world through a lens of compassion and inclusivity."

"**¿De qué color es tu mano?** es una exploración profunda de la identidad, la empatía y las experiencias compartidas que nos unen a todos. Este libro nos invita a reflexionar y a mirar más allá de la superficie para considera las conexiones más profundas que expresan nuestra humanidad. A través de narrativas convincentes, la autora nos guía en un viaje de autodescubrimiento y comprensión, animándonos a ver el mundo a través de un lente de compasión e inclusión".

<u>Songs for HUMANITY</u> ♥ <u>Canciones para la HUMANIDAD</u>

"We are all **'walking stars,'** if only we would recognize the special brilliance and power that we have as human beings."
Victor Villaseñor
"Todos somos 'estrellas peregrinas', si solo reconociéramos el brillo y el poder tan especial que tenemos como seres humanos".

· <u>Imagine</u>
John Lennon and The Beatles

· <u>Imagina</u> (versión en español)
John Lennon

- <u>**What Color is God's Skin**</u>
  Up with People

- <u>**¿De qué color es la piel de Dios?**</u>
  Viva la gente

- <u>**We Are The World**</u>
  U.S.A. For Africa

- <u>It's In Every One Of Us</u>
David Pomeranz

- <u>Voices That Care</u>
Michael Bolton

- <u>**Somewhere Over the Rainbow**</u>
Israel Kamakawiwoʻole

- <u>**I Believe in You**</u>
Don Williams

- <u>**What a Wonderful World**</u>
Louis Armstrong

Due to the dynamic nature of the internet,
links may change after publication and the passage of time.
In this case, songs can be accessed by going to YouTube.com
and entering the song title and artist name
in the YouTube search box.

♥   ♥   ♥   ♥   ♥   ♥   ♥   ♥

**Debido a la naturaleza dinámica del Internet,
los enlaces pueden cambiar después de la publicación y el paso del tiempo.
En este caso, puede conseguir acceso a las canciones por medio
de conectar a YouTube.com e ingresando el título de la canción y el
nombre del artista en el cuadro de búsqueda de YouTube.**

Printed in the United States
by Baker & Taylor Publisher Services